Podemos votar

Elise Wallace

Podemos aprender.

Podemos hablar.

Podemos escuchar.

Podemos mirar.

Podemos pensar.

Podemos elegir.

Piensa y habla

¿Cómo deciden las personas por quién votar?

Podemos ayudar.

¡Podemos votar!

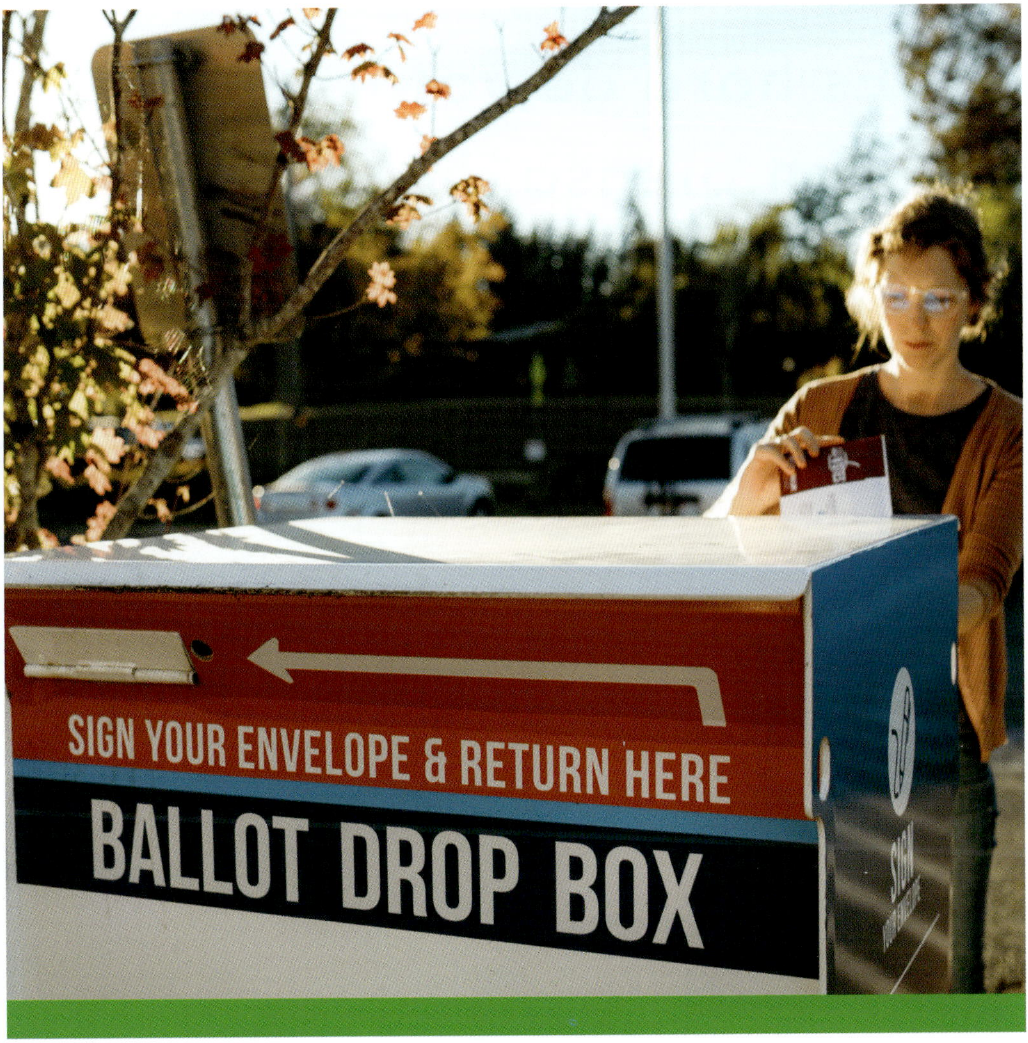

SIGN YOUR ENVELOPE & RETURN HERE

BALLOT DROP BOX

Salta a la ficción

Ann vota

Es hora de votar.

Ann piensa.

¿Cómo votará?
Ann toma una decisión.

VOTACIÓN
Forme fila aquí.

Civismo en acción

Tú puedes votar. Primero, habla y piensa. Escucha y aprende. Está bien cambiar de opinión si es necesario.

1. Organiza una votación con tu clase para elegir el mejor libro.

2. Piensa cuál es el mejor libro que has leído. ¿Por qué es el mejor?

3. Habla con tus compañeros. ¿Qué piensan ellos?

4. Voten para decidir cuál es el mejor libro.